MW01708805

Toute représentation ou reproduction, par quelque procédé
que ce soit, constituerait une contrefaçon sanctionnée par
les Articles 425 et suivants du Code Pénal.

© Peralt Montagut
D.L. B-28.056-2005
Imprimé en Espagne

Poule-

Poulette

Illustré par Graham Percy

PERALT MONTAGUT EDITIONS

Poule-Poulette grattait la terre dans la cour de ferme pour trouver un ver, quand – Bing! – un gland lui tomba sur la tête. «Malheur!» s'écria Poule-Poulette. «Voilà que le ciel tombe. Je dois aller le dire au roi!»

Et aussitôt Poule-Poulette se mit en route...

Elle rencontra bientôt
Cocorico-Coq.
«Où vas-tu ainsi,
Poule-Poulette?»
lui demanda celui-ci.

«Je vais dire au roi que le ciel tombe!»
répondit Poule-Poulette.

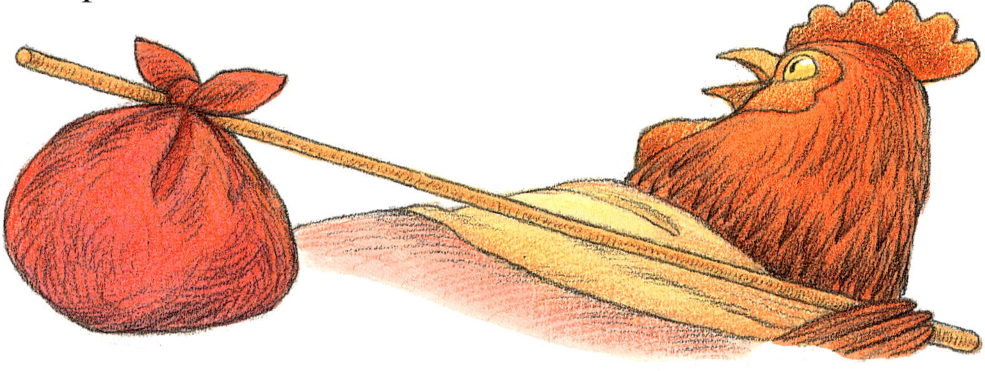

«Puis-je t'accompagner?» dit Cocorico-Coq.
«Si tu veux!» répondit Poule-Poulette. Alors
Poule-Poulette et Cocorico-Coq se mirent en
route pour aller dire au roi que le ciel
tombait.

Et ils marchèrent et marchèrent...

jusqu'à ce qu'ils rencontrent
Cane-Cancanante.
«Où allez-vous ainsi,
Poule-Poulette et
Cocorico-Coq?»
demanda Cane-Cancanante.

«Nous allons dire au roi que le ciel tombe!»
répondirent Poule-Poulette et Cocorico-Coq.
«Puis-je vous accompagner?» dit Cane-Cancanante.
«Bien sûr!» répondirent Poule-Poulette et
Cocorico-Coq.

Alors Poule-Poulette, Cocorico-Coq et
Cane-Cancanante se mirent en route pour
aller dire au roi que le ciel tombait.
Et ils marchèrent et marchèrent...

… jusqu'à ce qu'ils rencontrent l'Oie-Oiseuse. «Où allez-vous ainsi, Poule-Poulette, Cocorico-Coq et Cane-Cancanante?» demanda Oie-Oiseuse.

«Nous allons dire au roi que le ciel tombe!» répondirent Poule-Poulette, Cocorico-Coq et Cane-Cancanante.

«Puis-je vous accompagner?» dit Oie-Oiseuse.
«Sûrement!» répondirent Poule-Poulette,
Cocorico-Coq et Cane-Cancanante.

Alors Poule-Poulette, Cocorico-Coq,
Cane-Cancanante, Oie-Oiseuse se mirent en
route pour aller dire au roi que le ciel tombait.

Et ils marchèrent et marchèrent...

et ils marchèrent et marchèrent...

… jusqu'à ce qu'ils rencontrent Dindon-Dindonnant.
«Où allez-vous donc, Poule-Poulette,
Cocorico-Coq, Cane-Cancanante
et Oie-Oiseuse?» demanda
Dindon-Dindonnant.

«Nous allons dire au roi que le ciel tombe!»
répondirent Poule-Poulette, Cocorico-Coq,
Cane-Cancanante et Oie-Oiseuse.
«Puis-je vous accompagner?»
dit Dindon-Dindonnant.
«Certainement!» répondirent Poule-Poulette,
Cocorico-Coq, Cane-Cancanante et Oie-Oiseuse.

Alors Poule-Poulette, Cocorico-Coq, Cane-Cancanante, Oie-Oiseuse et Dindon-Dindonnant se mirent en route pour aller dire au roi que le ciel tombait.

Et ils marchèrent…,

et marchèrent et marchèrent…,

et marchèrent encore longtemps...

… jusqu'à ce qu'ils rencontrent
Renard-Roublard,
et Renard-Roublard demanda à
Poule-Poulette, Cocorico-Coq,
Cane-Cancanante, Oie-Oiseuse
et Dindon-Dindonnant:
«Où allez-vous donc,
Poule-Poulette, Cocorico-Coq,
Cane-Cancanante, Oie-Oiseuse
et Dindon Dindonnant?»

Et Poule-Poulette, Cocorico-Coq, Cane-Cancanante,
Oie-Oiseuse et Dindon-Dindonnant répondirent
à Renard-Roublard:
«Nous allons dire au roi que le ciel tombe!»
«Mais voyons! Vous n'allez pas dans la bonne
direction!» s'écria Renard-Roublard.

«Voulez-vous que je vous
montre le chemin qui mène
chez le roi?»
«Oh oui! Merci!» dirent
Poule-Poulette, Cocorico-Coq,
Cane-Cancanante, Oie-Oiseuse
et Dindon-Dindonnant.

Alors Poule-Poulette,

Cocorico-Coq,

Cane Cancanante,

Oie-Oiseuse,

Dindon-Dindonnant

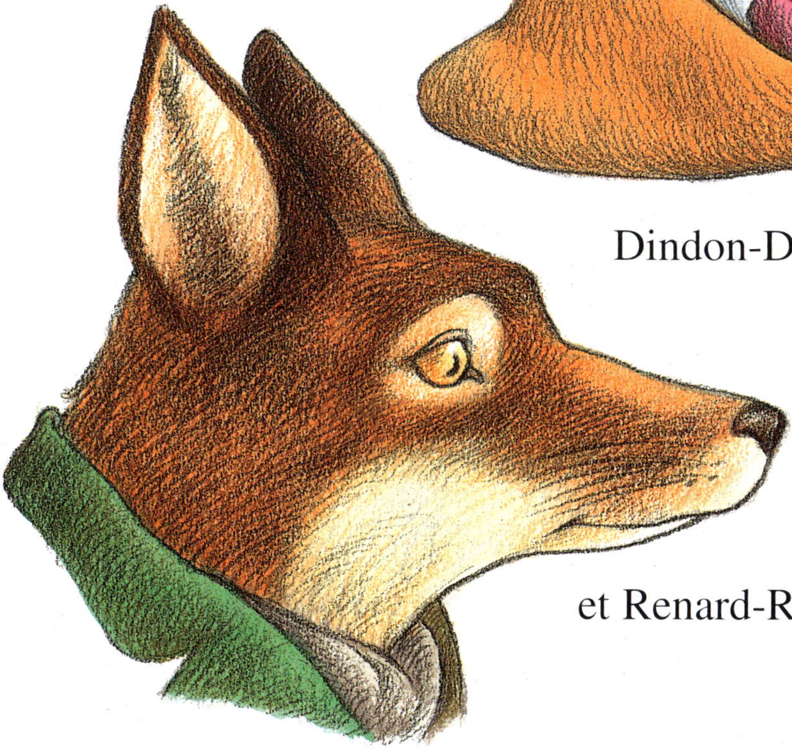

et Renard-Roublard

s'en allèrent tous ensemble dire au roi que le ciel tombait.

Ils marchèrent et marchèrent... jusqu'à ce qu'ils arrivent devant un trou noir.

Hélas! c'était l'entrée de la tanière de Renard-Roublard. Mais Renard-Roublard dit à Poule-Poulette, Cocorico-Coq, Cane-Cancanante, Oie-Oiseuse et Dindon-Dindonnant:
«Voici le raccourci qui mène tout droit chez le roi. Je passe le premier, suivez-moi!»

«Bien sûr! Pourquoi pas?» dirent Poule-Poulette, Cocorico-Coq, Cane-Cancanante, Oie-Oiseuse et Dindon-Dindonnant.
Alors Renard-Roublard disparut dans sa tanière, et, juste après lui entra Dindon-Dindonnant.

Mais à peine entré chez lui, Renard-Roublard s'arrêta et tourna les talons.
Et lorsque Dindon-Dindonnant arriva, il y eût un «Crrr!» et un «Humphrr!» et plus de Dindon-Dindonnant.
Renard-Roublard l'avait avalé!

Un autre «Humphrr!» et Oie-Oiseuse disparut.
Encore un « Humphrr!»...

et la pauvre Cane-Cancanante disparut à son tour.

Mais quand Cocorico-Coq entra dans la tanière
et entendit ces «Crrr! Humphrr»,
il se retourna et cria:

«Poule-Poulette, n'entre pas, sauve-toi vite!»

Poule-Poulette l'entendit et fila à toutes pattes vers la ferme. Ainsi le roi ne sut jamais que le ciel allait lui tomber sur la tête!